माझ्या मनीचे...

Bhagyashree Gadwal (Ranu)

BookLeaf Publishing
India | USA | UK

Made with ❤ on the BookLeaf Publishing Platform
www.bookleafpub.in
www.bookleafpub.com

Dedication

"माझ्या मनीची काही अनोळखी पानं" -

त्यांना समर्पित !!
जी समजतात, माझ्या शब्दांआड
लपलेली स्पंदनं...
आणि
त्या मातृभाषेला समर्पित !!
जिच्या शब्दांत मायेचा ओलावा आहे...

"मेरे मन के कुछ अनजान पन्ने" -

उन्हे समर्पित !!
जो समझते है, मेरे शब्दों के आड छुपे
हुए एहसास...
और
उस हिंदी भाषा को समर्पित !!
जिसने एहसासों को शब्दों में ढाल
दिया...

Preface

"माझ्या मनीचे" हे केवळ कवितांचं संकलन नाही, तर मनाच्या गुंतागुंतीच्या वाटा शोधत गेलेल्या शब्दांचं प्रतिबिंब आहे.

हे शब्द केव्हा कागदावर उतरले, ते माझं मलाही कळलं नाही...

काही क्षणांतून, काही शांततेतून आणि काही वेदनांतून....

या संग्रहातील कविता कधी मराठीत उमटल्या ....तर कधी हिंदीमध्ये .... अशा अंतर्मनातील भावनिक घडामोडीतूनच घडल्या.

मनाचे रंग, त्याच्या हालचाली, त्याच्या कुजबुजत्या भावना - हाच या कवितांचा आत्मा आहे.

"माझ्या मनीचे" कधी तुमचेही होईल, हीच इच्छा !!

"माझ्या मनीचे" ये सिर्फ़ कविता संग्रह नहीं है.... बल्कि मन की उलझी हुई राहों पर चलकर उतरे कुछ शब्दों का आईना है..... कब ये शब्द काग़ज़ पर उतर आए, मुझे भी ठीक से याद नहीं... कुछ पलो में, कुछ ख़ामोशियों में और कुछ तकलीफ़ों में ये जन्मे...

इस संग्रह की कविताएं कभी मराठी में बह निकलीं और कभी हिंदी में... जैसे जज़्बातों ने शब्द चुन लिए हो..... मन के रंग, उसकी थरथराहट, उसकी चुप्पी में छिपी भावनाएं .... यही इन कविताओं की आत्मा हैं...

"माझ्या मनीचे" (मेरे मन का) शायद कभी तुम्हारा भी बन जाए... यही उम्मीद के साथ !!

Acknowledgements

या कवितांमधून जे मी शोधलं, ते खरं तर अनेकांनी मला दिलं - थेट बोलून नाही, पण अस्तित्वाने..
उन-सावलीसारखी साथ देणाऱ्या सर्व व्यक्तींना, ज्यांच्या अस्तित्वामुळे माझे शब्द उमलले,मन उलगडलं...
मनापासून आभार !!

त्या प्रत्येक क्षणाचे आभार, ज्यानी मला थांबवलं नाही, तर पुढं चालायला शिकवलं...

हिंदी आणि मराठी या दोन्ही भाषांचंही ऋण मानते, ज्यांनी माझ्या भावना, विचार आणि स्वप्नांना रूप दिलं....

आणि तुमचे... हो, या पानांवर डोकावणाऱ्या प्रत्येक वाचकाचे मनःपूर्वक आभार !! ...
कारण...... **"माझ्या मनीचे"** आता तुमचंही झालं आहे !!

इन कविताओं के माध्यम से जो कुछ मैंने पाया, वो वास्तव में मुझे कई लोगों से मिला - सीधे शब्दों में नहीं, बल्कि उनके अस्तित्व से....

धूप-छाँव की तरह साथ निभाने वाले सभी लोगों का - जिनके होने से मेरे शब्द खिले, मन खुला- दिल से आभार !!

हर उस पल का भी धन्यवाद, जिसने मुझे रोका नहीं, बल्कि आगे बढ़ना सिखाया...

हिंदी और मराठी इन दोनों भाषाओं का भी ऋण स्वीकार करती हूँ, जिन्होंने मेरी भावनाओं, विचारों और सपनों को आकार दिया...

और आप सभी का- हाँ, इन पन्नों में झाँकनेवाले हर वाचक का - हृदय से धन्यवाद !! ...

क्योंकि...... **"माझ्या मनीचे"** (मेरे मन का) अब आपका भी हो गया है !!

"स्वप्ने"

स्वप्नात काल माझ्या येऊन कोण गेले ?
स्वप्नास काल माझ्या घेऊन कोण गेले ?

स्वप्ने अशीच का ही असतात जीवघेणी ?
ह्रदयांस खोल जखमा देऊन कोण गेले ?

"चांद धुंदला नभांत"

चांद धुंदला नभांत,
चांद गुंफला मनांत,
चांद वेडावून कधीचा
तुझ्या बेभान मिठीत ....

तुझे कस्तुरीचे अंग
तुला नभाचा ग संग
त्याच्या दांडग्या मस्तीचा
आता गंधीत प्रवास ....

"ये राजसा"

या मंदशा सुवासी,
आठवती तुझेच श्वास ....

या शुभ्र फुलातूनही,
मग होतील तुझे भास !!

या भास-आभासांचा,
हा खेळ जीवघेणा ...

ये राजसा, "तुला" - मी,
वाहिला प्राण माझा !!

"तू "

उदंड तू - अखंड तू,
अनंत तू - प्रचंड तू,
सळसळत्या बीजातील,
महा-आदीशक्ती तू .....

उनाड तू - मुक्त तू,
धीट तू - व्यक्त तू,
निरागस त्या बाल्यातील,
मंत्रमुग्ध चतुरा तू.........

संपन्न तू - मुग्ध तू,
प्रेम तू -विश्वास तू,

उन्नत त्या प्रेमातील,
अस्फूट वरदान तू ....

माया तू - ममता तू
वात्सल्य तू- कर्तव्य तू,
युगायुगांच्या चरणातील,
अविरत माता तू ......

उदंड तू - अखंड तू,
अनंत तू, प्रचंड तू,
सळसळत्या बीजातील,
महा-आदीशक्ती तू ....

"मन चिंब पावसाळी"

मन चिंब पावसाळी
झाडांची नक्षी ओली
अशा या बेभान वेळी
सखे, मज साद घालतो कोणी !!! ....

"का ?? सांग ना मना "

का ?? सांग ना मना,
का ?? सांग तू मला .....
गीत हे दाटले, अंतरीचे,
तू अधीर का गावया ??.....

सूर ही नवे, अर्थ ही नवे,
वाटते हवे, रोज रोज ते...
तू मला, मी तुला, रोज सांगणे......
तू, अधीर का ऐकण्या ?? .....

"अंतरीची खूण"

एका निळीयाने, पहा केली कैसी जादू !!
मन होई राधा, लागे त्याच्या संगे डोलू !!
मनकवडा "तो", त्याने वाजविली धून !!
राधेला पटे, अशी अंतरीची खूण !!!!

"पुन्हा नव्याने"

चल बोलू .....
चल बोलू ... पुन्हा नव्याने काही....
तुझ्या माझ्या मधले राहून गेले काही !!

त्या जुन्याच शपथा, जुनीच गाणी
काही.....
तुला न कळता - मला न कळता,
घडून गेले काही !!

"पानगळ"

पुन्हा सुरू झाली "त्याची" पानगळ !!
"त्याचं" असं मोकळं होत जाणंच,
जाचत होतं तिच्या मनाला !!

हे असं का व्हावं ?
का गळावेत "त्याचे" सगळेच बंध ?
का व्हावं "त्यानी" असं निष्पर्ण,
अलिप्त ?
का आठवत राहावीत "त्याला" ,
जुनीच पानं ?.....

खिन्न होत, पोळत राहिली ती....
पुन्हा पुन्हा स्वतःला !!
पण तरीही, विदीर्ण झालेलं तिचं मन,
समजावत राहिलं .....
येईल तिचा सखा मदतीला धावून.....
फुंकेल तो प्राण नव्याने.....
फुटतील नवोन्मेषाचे अंकूर पुन्हा .....
होईल पुन्हा 'तोही' ताजा,
सर्व ऋतु अनुभवण्यासाठी........
फक्त तिच्याबरोबर ....
ती-"त्याची" .... कधीचीच !!
" सावली "...!!

"आवर्तन"

एक खोल उसासा !!
एका जन्माची सल !!
तेच एक प्रश्नचिन्ह, पुन्हा !!
एक आवर्तन पूर्ण .....!!!!

"पिया की याद"

नैना भरे मोरे ,
पियाकी याद सताए....
आँखोंमें आंसू छलके,
मनको बडा तड़पाए....

हर पल उनकी यादों में,
दिल मे बारिश हो जाए.....
सपनों की धुन पर,
कहीं उनका सफर बन जाए.....

कैसे भुला दूं मै,
प्यार का सुहाना अहसास.....
वो लम्हे, वो मुस्कान,
हृदय बसी हर याद....

क्या कहें, कैसे कहें,
प्यार की कहानी है अनकही.....
पियामिलन की आस लगाई
ऐसी है बेकरारी....

"जागो"

जागो जागो जागो अब तुम
अपने अंदर झाकों अब तुम ...
लूट रहे हो सरेआम नारी
क्या यही शिक्षा है तुमने पाई ??

जग जा नारी, जग जा अब
ना सहन कर अन्याय अब....
दिखला सबको - दिखला अब
रूप दुर्गा- चंडी- शक्ती सब !!

"ये जिंदगी"

जो ठान लो अगर,
जिंदगी मुश्किल नही....
ऐ दोस्त, देख जरा
राह अनजान सही ..

सवालों मे तू घिरा
जवाबों के इंतजार मे ....
वो वही पे है, थमे
देख जरा तू, खुद मे ....

पुछता तू, ऐ खुदा
ये जिंदगी क्या है ??
एक सपना, एक मौका,
एक अनसुनी कहानी है !!!

"स्त्री शक्ती"

तू रूप है शक्ती का, ज्वाला सी जलती....
तू रूप है शक्ती का, बिजली सी
चमकी....
तू रूप है शक्ती का, न डरती- न
झुकती....
तू रूप है धैर्य का, सागर सी गहरी.....
तू रूप है धैर्य का, विपदा मे ठहरी......
"स्त्री" शक्ती की कहानी है बहोत बडी !!!

तू कोमल है- कुसुम सी,
तू कठोर है - वज्रसी

तू नाज़ है- तू गर्व है ,
इस जग की तू शान है
तेरी वीरता की गाथा, गाता जहां है ....
तेरे आगे झुका हर सिस-माथा है .....

तेरे आंखो में है बसी, करूणा की धारा....
तेरे आंचल मे छुपा, संसार ये सारा....
तू है जननी, तू है सखी,
अनेको रंगोंमे- तू है ढली....
हर मुश्किलमे, तू चट्टान सी खडी ....
"स्त्री" शक्ती की कहानी है बहोत बडी !!

"समंदर"

एक समंदर - तेरे भीतर है.....
खामोश, मगर बेहिसाब.....
हर रात आकर दिल की दीवारों से
बिन कहे टकरा जाता है.....

और एक समंदर - बाहर है,
शोर करता, सबको नज़र आता है.....
मगर शायद उतना गहरा नहीं,
जितना तू ख़ुद के भीतर छुपा लेती है.....

बाहरवाला गरजता है,
तूफ़ानों में, लहरें उछालता है...
पर जो अंदर है -
वो बस चुपचाप सब कुछ समेट लेता है...

तो बताओ -
कौन सा समंदर बड़ा है ??
वो जो लहर बनकर टूटता है ??
या वो...
जो खामोशी में डूबा रहता है ??

"तस्वीर"

कभी धुंधले से दिन, कभी चमकती रातें,
हर तस्वीर में सिमटी हैं, सौ-सौ बातें....
ना कह सकें जो, लबोंसे फसाने,
वो तस्वीरें सुनाए, बिना कुछ बोले....

कभी हंसी में, कभी आंसुओं में भी,
तस्वीरें बुनती हैं, कहानी धीमी सी...
कॅमेरा चलता है, वक्त रुक जाता है,
पल बंद होता है, और दिल छू जाता है...

रंग फीके पड़ सकते हैं, समय की चाल
में,
पर भाव जिंदा रहते है, तस्वीर के हाल
में.....
हर कोना बोलता हैं, हर छाया मुस्कराती,
यादों की चुप्पी भी, कुछ तो कह
जाती.....

"कान्हा"

श्यामसुंदर मनमोहन नंदलाल,
मोहनी मूरत - भाल विशाल....
राधा-मोहन घनश्याम..

मृदुल हंसी, मनमोहक मुरली,
प्रेमधुन सुनावत संग गोपी
कान्हा मोहत पंचप्राण ....

बनवारी कृष्णा, अमित महान
मनव्यापी, सुन्दर, कृपासिंधू ,
ब्रज के लाल....

"अमलताश"

अमलताश के नीचे बैठी,
तेरा नाम पुकारू मैं.....
पीली छांव में भीगी सी,
हर सांस अब संवारू मैं.....
तेरे बातों की खुशबू सी,
पत्ते-पत्ते पर छाई है....
जैसे तू पास हो अब भी,
हवा कुछ कहती आई है.....
तेरी यादें है फूल बनी,
मेरे मन के आंगन में
तू लौट आ किसी बसंती दिन,
अमलताश के रंगों में.....

रुत आई है, तूम भी आना,
मन मेरा तरसाया है.....
मै ढूंढू रंगोंमे तुमको.....
किसने ये रंग लुटाया है??
धूप तेरी बाहों जैसी,
छू जाए तो जल जाऊ.....
फिर भी उस छांव के खातिर,
हर रोज तुझमें थम जाऊ.....
तेरी यादें हैं फूल बनी,
मेरे मन के आँगन में
तू लौट आ किसी बसंती दिन,
अमलताश के रंगों में.....

"प्रेम"

वो जो मिलता नही कभी.....
फिर भी आता रहा हर बार,
जैसे साँसों में बसा कोई,
अनकहा सा इजहार.....

मैंने उसे हर जनम में पुकारा .....
कभी नाम से नहीं.....
कभी चेहरे से नहीं.....
पर हर बार,
उसकी आँखों ने पहचान लिया मुझे.....

वो था,
किसी पुराने दीये की बाती में,
जो जलती रही, वक्त की आँधी में.....
वो था,
किसी नदी की धारा सा...
जो बहता रहा मेरी आत्मा मे.....

मैंने हर जीवन में,
कुछ खोया, कुछ पाया,
पर उसे कभी नहीं खोया .....
क्योंकि वो, वो तो.....
मेरी हर प्रार्थना की परछाईं था.....

वो -
जो हर जन्म में शायद कुछ और था,
पर मेरी रूह में वही, जो खुदा से कम न
था.....

अब भी,
जब रात चुप हो जाती है,
और दिल की धडकनें पुरानी धुन
गुनगुनाती हैं,
तो लगता है - वो मेरे ही तो पास है.....
वो था.....वो है.....
और वो रहेगा.....हमेशा !!!

"ढलती शाम"

शाम ढलती है, तेरे नाम की ख़ुशबू लेकर,
दिन ठहरता है, तुझे देखने की आरज़ू
लेकर.....

तेरे ख़्वाबों की नमी है, मेरे पलकों पे
अभी,
आखोंमें नींद उतरती है , तीरे दर्द की
जादू लेकर....

चाँद भी चुप है, मगर देख के जलता है
कहीं,
मैं तुझे याद करूँ, तनहा सी, आबरू
लेकर.....

तेरे आवाज की परछाई से, लिपटी है मेरी
साँसे,
हर बात हो जैसे, बस तेरे गीत लेकर.....

तू न हो, फिर भी मेरी शाम तुझी से शुरू
जैसे हर पल जिए कोई दिले-आरजू
लेकर........

"उडान"

डोळ्यात भरूनी स्वप्न दिवाणे
घे भरारी तू अशी.....
आकाशाला घाल गवसणी
जीत असावी अशी तुझी .....

आंखो मे भर के सपने
तू भर उडान ऐसी
आंसमा भी जान जाए
तेरी जीत हो ऐसी ....

www.ingramcontent.com/pod-product-compliance
Lightning Source LLC
La Vergne TN
LVHW050823051026
849532LV00008B/3087
* 9 7 8 9 3 7 2 1 3 7 8 7 3 *